APRENDE A AUTOMATIZAR TU NEGOCIO DE MANERA PROFESIONAL

COMO DELEGAR TAREAS A TRABAJADORES INDEPENDIENTES, DESCUBRE EL PODER DE LA SUBCONTRATACIÓN

Jorge O. Chiesa

Índice

INTRODUCCIÓN

Los empresarios y dueños de pequeñas empresas a menudo trabajan más horas de las que necesitan porque tratan de manejar todos los aspectos de su negocio por sí mismos. Sin embargo, esto puede llevar rápidamente al agotamiento y al fracaso. En los negocios, los resultados importan, y su objetivo es producir los mejores resultados. La mejor manera de hacerlo es formando un equipo de expertos que puedan ayudarle a alcanzar el éxito.

Desafortunadamente, muchas compañías no pueden manejar todos los procesos de su negocio debido a las limitaciones de sus empleados. Como propietario y líder de su negocio, es su trabajo centrarse en las fortalezas de su organización.

Si usted es el desarrollador o experto en marketing de su empresa, es muy probable que carezca de conocimientos de contabilidad o de servicio al cliente. Esta es la razón por la que el outsourcing se ha convertido en una alternativa de rápido crecimiento para muchos propietarios de pequeñas empresas.

La externalización es la asignación de varios procesos de negocio a personas y empresas expertas. Estos profesionales manejan las tareas de negocio que usted ha identificado como necesidades. La externalización de las operaciones no estratégicas de su negocio le permite centrarse en las partes de su negocio que son más importantes para usted.

La externalización virtual es una tendencia de rápido crecimiento en la que organizaciones de todos los tamaños subcontratan los procesos empresariales a profesionales de todo el mundo. Esto se conoce como contratación de trabajadores independientes y es el método preferido por las pequeñas y medianas empresas.

El Outsourcing ganó su popularidad a mediados de la década de los 80 y ha crecido constantemente desde entonces. Fue utilizado por primera vez por pequeñas y nuevas empresas que luchaban por sobrevivir en un mercado competitivo.

Hoy en día, las empresas de todos los tamaños han adoptado la externalización para ayudarles a completar varios procesos de negocio. Los negocios más comunes que se aprovechan de la externalización se basan en Internet, y muchas empresas confían únicamente en los trabajadores autónomos para dirigir sus empresas.

Con la creciente popularidad y el reconocimiento de que la tercerización es una alternativa de negocio viable para las empresas de hoy en día, ahora es posible para cualquier persona para iniciar y ejecutar un negocio sin tener que preocuparse por encontrar un espacio de oficina barato o las estrictas regulaciones gubernamentales y los impuestos.

La tercerización es extremadamente beneficiosa para los dueños de negocios porque se les da la oportunidad de concentrarse en el crecimiento de su negocio. La mayoría de las tareas subcontratadas son realizadas por trabajadores autónomos a tiempo parcial, lo que le permite evitar tener que emplear personal a tiempo completo.

Esto le permitirá ahorrar en numerosos beneficios como seguro médico y vacaciones pagadas, dándole la oportunidad de reinvertir el dinero ahorrado en su negocio.

Usted puede contratar a casi cualquier tipo de profesional para que trabaje como un empleado virtual. Esto incluye, diseñadores, contadores, escritores, programadores, profesionales de TI, vendedores y muchos más. Todo lo que necesita es un ordenador e Internet para buscar, contratar, comunicarse y trabajar con profesionales virtuales de todo el mundo.

Hay varias ventajas asociadas con la externalización de determinados procesos empresariales, especialmente cuando se trata de un proceso bien gestionado. Sin embargo, hay momentos en los que la externalización puede resultar contraproducente y provocar pérdidas comerciales.

Esto es especialmente cierto cuando los contratos y los recursos de gestión de proyectos son escasos.

CAPÍTULO I
EXTERNALIZACIÓN

Una de las cosas más importantes que usted tiene que considerar antes de hablar de las ventajas de la externalización es que puede no ser una gran opción si sólo está interesado en obtener beneficios masivos.

Deberá evaluar si la subcontratación será una opción viable para usted o si necesita buscar otras alternativas para completar la tarea.

Los Estados Unidos y la India se encuentran entre los principales países de subcontratación del mundo. Aquí están algunas de las ventajas que su negocio puede obtener mediante la externalización de algunos de sus procesos de negocio.

Ventajas para su negocio

Una de las ventajas más significativas de la externalización de las tareas de su negocio es que le permite empezar con poco, a diferencia de la contratación de empleados, que es una inversión sustancial. Empezar de a poco se convierte en una forma esencial de perfeccionar sus habilidades de delegación.

La externalización le permite delegar tareas mundanas que comienzan a consumir lentamente su valioso tiempo. Si contrata a empleados para completar estas tareas, podría terminar costando más de lo que vale la pena.

Contar con trabajadores autónomos y a distancia puede ayudarle a liberar su tiempo para que pueda concentrarse en los aspectos esenciales de la gestión de su negocio. El Outsourcing le permite manejar su negocio desde cualquier parte del mundo, siempre y cuando tenga acceso a Internet.

Le brinda la oportunidad de viajar, visitar amigos y pasar largos fines de semana fuera de la ciudad sin perder la capacidad de completar proyectos comerciales esenciales. Cuando usted subcontrata, no tiene que tener una oficina. Esta es una ventaja considerable de la subcontratación.

El Outsourcing le permite acceder rápidamente a las habilidades para cualquier cosa que necesite. Usted no tiene que gastar dinero o tiempo entrenando a nuevos empleados y puede construir una red de trabajadores independientes, permitiéndole realizar cualquier tarea de manera rápida y fácil.

Dado que usted puede contratar a personas que aman realizar las tareas que usted odia, la subcontratación puede ayudar a reducir su estrés. También puede disminuir el estrés cuando usted pierde a un empleado. Tener que pasar por el proceso de contratación lleva mucho tiempo, lo que hace que su negocio tenga dificultades cada vez que tiene que reemplazar a un empleado que ha dejado la empresa. Los autónomos son mucho más fáciles de reemplazar.

El Outsourcing es también una gran manera de completar tareas temporales o estacionales. Usted puede traerlos por un corto período de tiempo sin tener que lidiar con la contratación, capacitación, y eventualmente dejarlos ir cuando el proyecto esté terminado.

Si usted está comenzando su negocio, el outsourcing es una gran manera de conseguir su negocio en marcha y funcionando. Le permite pagar por tareas específicas en lugar de gastar su tiempo y dinero en contratar empleados.

La externalización de sus procesos de negocio también puede ahorrarle una tonelada de dinero. No sólo puede pagar tarifas internacionales, a diferencia de las tarifas de su país, sino que no tiene que preocuparse por el seguro médico, las vacaciones o el pago por enfermedad, o cualquier otro tipo de costos que normalmente se asocian con el funcionamiento de un negocio.

Ventajas para el cliente

El Outsourcing no sólo proporciona beneficios para su empresa, sino que también es ventajoso para sus clientes. En la mayoría de los casos, cuando usted subcontrata sus procesos de negocio, esto lleva a un menor costo de producción de los bienes y servicios que usted ofrece.

Cuando gasta menos en producción, puede pasar esos ahorros al consumidor a través de precios más bajos en los productos terminados.

Provee Oportunidades de Empleo

Una de las ventajas más sustanciales de la subcontratación es las oportunidades de empleo global que ofrece. Supongamos que una sola empresa subcontrata varios procesos de negocio a unos pocos cientos de trabajadores ubicados en todo el mundo, entonces miles de empresas que subcontratan trabajo podrían dar como resultado que millones de personas obtuvieran empleo.

El empleo es uno de los problemas más críticos a los que se enfrentan los líderes mundiales de hoy en día. Mediante la externalización de sus procesos empresariales a países con altas tasas de desempleo, puede ayudar a reducir el número de personas desempleadas, lo que se traduce en mejores condiciones económicas para las personas de todo el mundo.

Desventajas de la subcontratación

Desafortunadamente, como con cualquier tarea de negocios, el outsourcing puede tener sus desventajas. Habrá casos en los que tu freelance favorito no esté disponible para ayudarte con una tarea urgente. Afortunadamente, hay maneras de evitar este problema.

La mejor opción es tener tres o más trabajadores independientes a los que puede acudir para cada área de su negocio que desee externalizar. Si bien encontrar suficientes trabajadores independientes con talento para trabajar puede llevar mucho tiempo y ser estresante, especialmente cuando se trabaja con plazos de entrega ajustados, con la planificación y el establecimiento de contactos adecuados, se puede limitar este problema.

También es posible que tenga que superar una barrera idiomática, dependiendo de dónde esté buscando subcontratar. Esto puede causar malentendidos que podrían ser perjudiciales para el éxito de su negocio.

Para evitar esto, debe asegurarse de que está proporcionando a los trabajadores autónomos instrucciones detalladas y por escrito junto con capturas de pantalla o un video instructivo para asegurarse de que todo está 100 por ciento claro.

Los trabajadores remotos tienen que ser auto-motivados y tener una gran cantidad de auto-disciplina, además de ser extremadamente organizados. Como no estarás para motivarlos personalmente, tienes que encontrar trabajadores autónomos que posean estas habilidades. Esto a veces puede ser difícil de encontrar.

El Outsourcing requiere que usted aumente continuamente sus habilidades como supervisor para que pueda manejar a sus trabajadores independientes. Esto no significa que usted deba microgestionarlos. Existe una diferencia considerable entre la microgestión y la gestión.

También debe esperar pasar algún tiempo escribiendo correos electrónicos, haciendo llamadas y completando otras tareas que están asociadas con la subcontratación. La regla general es que debe dedicar el 20 por ciento de su tiempo a completar el 100 por ciento de las funciones que está subcontratando.

Cómo saber cuándo debe subcontratar

Esto dependerá enteramente de la tarea que desee delegar y de la etapa de su negocio. Si usted está comenzando un nuevo negocio, entonces la tercerización es su mejor opción alrededor del 99 por ciento del tiempo.

Sólo tendrá que contratar a un empleado una vez que llegue a una determinada etapa de su negocio. Incluso entonces, es posible que decida que la subcontratación es lo mejor.

CAPÍTULO II
IDENTIFICANDO SUS NECESIDADES

El proceso de externalización de negocios comienza con el conocimiento de que usted tiene una necesidad, tal vez a veces incluso antes de que usted lo sepa. Usted puede pensar que no necesita ayuda, o que no puede soportar la idea de pagar a otra persona para que haga el trabajo que usted mismo puede hacer.

Sin embargo, es esencial pensar en el éxito a largo plazo de su negocio. Usted necesita admitir que necesitará ayuda de vez en cuando y empezar a poner en marcha medidas preventivas.

El reto consiste en decidir qué tareas debe mantener en casa y cuáles debe subcontratar. Desea externalizar cualquier proceso de negocio que no sea crítico para las operaciones diarias de su empresa.

Si usted tiene un modelo de negocio simple, esto será fácil de lograr. Si su negocio tiene un modelo más complejo, este proceso requerirá más tiempo.

Lo primero que debe hacer es diferenciar el proceso empresarial en procesos estratégicos o centrales y en procesos no estratégicos o de apoyo.

Es crucial que tome la decisión correcta en este momento.

Para identificar los procesos empresariales más adecuados para la subcontratación, es necesario hacer una lista de todos los procesos y tareas que se completan en el transcurso de la empresa. A continuación, cree una tabla de dos columnas y clasifique cada tarea según su importancia estratégica.

Una de las columnas debe ser

etiquetada como "estratégicamente importante" y la otra como "estratégicamente poco importante". Las tareas que usted quiere colocar en la columna "estratégicamente importante" son aquellas que están relacionadas con la ventaja competitiva de su negocio.

Estas son tareas que podrían requerir dar acceso a información confidencial que es importante para completar estas tareas. Si usted decide subcontratar cualquiera de estas tareas, es posible que desee que el trabajador independiente firme un Acuerdo de Confidencialidad o NDA. T

Las preguntas que se colocan en la columna "estratégicamente sin importancia" son aquellas que no impactan la ventaja competitiva de su empresa y aquellas que no requieren la firma de un NDA.

Tareas cotidianas que debe considerar subcontratar

En el competitivo mundo de los negocios de hoy en día, casi cualquier proceso de negocio puede ser subcontratado. He aquí una lista de algunas de las tareas más comunes que debería considerar subcontratar.

Tareas administrativas

Usted puede subcontratar muchas de las tareas administrativas de su negocio a trabajadores independientes talentosos. Cuando usted está comenzando su negocio, estas son las tareas que desea subcontratar rápidamente para que pueda empezar a desarrollar sus habilidades de delegación y empezar a centrarse en los aspectos más críticos de su negocio.

1) Asistente Virtual

Cuando no tiene que preocuparse de concertar citas, servicios de coche, reservas, entregas, gestión de su blog y presencia en los medios de comunicación social, de repente tiene mucho tiempo libre para centrarse en aspectos más críticos de la gestión de su negocio. La externalización de estas tareas a un asistente virtual liberará una considerable cantidad de tiempo.

2) *Correo electrónico*

Una de las cosas que consume más tiempo que usted tendrá que hacer como propietario de un negocio es administrar su correo electrónico. Al subcontratar la gestión del correo electrónico, debe incluir el filtrado de correos electrónicos, la creación de bases de datos, el envío de invitaciones a eventos, la gestión de calendarios y la programación de citas.

3) *Contabilidad*

La contabilidad es una de las tareas que muchos nuevos propietarios de negocios tratan de abordar, sólo para terminar en problemas financieros. La contabilidad requiere mucha experiencia educativa, así como el tiempo para mantenerse al día con los indicadores de impuestos en constante cambio. Las tareas diarias de contabilidad que la mayoría de las empresas necesitan consumen mucho tiempo, lo que hace casi imposible que los dueños de negocios dediquen suficiente tiempo para hacer crecer su negocio. La externalización de esta tarea no sólo le ahorrará tiempo, sino también dinero.

4) Entrada de datos

Tener toda la información de su empresa fácilmente organizada, accesible y fácil de compartir ayudará a aumentar su productividad. Sin embargo, esta tarea requiere mucho tiempo. Los trabajadores independientes de entrada de datos no sólo pueden gestionar sus archivos, sino que también pueden mantener su presencia en línea actualizada, actualizando cualquier información que cambie con el tiempo.

5) Investigación

A menudo, al hacer crecer su negocio, es necesario que usted lleve a cabo una investigación. Esto puede incluir la búsqueda de nuevas estrategias de marketing o la redacción de un libro. Estas tareas requerirán una tonelada de investigación. Desafortunadamente, la investigación puede consumir su valioso tiempo. Usted debe considerar la posibilidad de subcontratar esta tarea para trabajar en proyectos más productivos.

6) Gestión de proyectos

Cuando empiece a contratar a más trabajadores independientes y tenga muchas tareas de externalización en ejecución, le llevará mucho tiempo gestionar y pagar a todo el mundo. Para ayudar a liberar su tiempo, puede contratar a un gerente de proyectos para que se encargue de la tarea. Esto será de gran utilidad porque interactuarán con todos los freelancers, dejándole a usted la única tarea de interactuar con el gestor del proyecto.

Creación de contenido

Estas próximas tareas entrarán en la categoría de creación de contenidos. Si usted mismo es escritor, puede decidir manejar estas tareas por su cuenta, mientras subcontrata la programación y las tareas de diseño gráfico a un grupo de profesionales independientes.

7) Redes Sociales

Su presencia en los medios de comunicación social puede presentar una gran oportunidad de generar dinero para su negocio, que puede hacer crecer su identidad de marca. Con las diferentes plataformas de medios sociales que están disponibles, usted tiene la oportunidad de interactuar con miles de potenciales nuevos clientes.

Sin embargo, crear y publicar contenido de calidad a diario puede llevar mucho tiempo. La externalización de su marketing de medios sociales a una empresa o individuo de la experiencia es una gran manera de interactuar con sus clientes potenciales a diario sin tener que pasar su tiempo haciéndolo usted mismo.

8) Redacción de artículos

Con la popularidad de los blogs, la demanda de artículos de alta calidad cargados de información valiosa ha aumentado drásticamente en los últimos años. La necesidad de contenido de alta calidad es infinita e incluye prácticamente cualquier tema que pueda imaginar. Visitantes a los que se les debe proporcionar información real.

Esto es algo que Google conoce bien y ha mejorado continuamente sus métodos de indexación para asegurar que el contenido valioso se sitúe en un lugar más alto en su motor de búsqueda. Dado que la demanda es tan alta en esta área, debería considerar la posibilidad de subcontratar esta tarea para poder aprovechar este flujo de ingresos.

9) Edición

La edición es una parte integral de la escritura. Es una habilidad muy buscada y a menudo subestimada. La edición no es simplemente el proceso de revisión de errores ortográficos y gramaticales, sino que es todo un proceso diseñado para hacer que el texto sea más fácil de leer.

Esto se puede lograr a través de la edición de contenido, edición de textos y corrección de pruebas. Es esencial que sea específico sobre los tipos de ediciones que necesita completar cuando hable con un profesional independiente, ya que la simple corrección de pruebas es una tarea mucho más barata que las ediciones completas.

10) eBooks y Libros físicos

Un método popular para compartir información valiosa son los eBooks. Con la popularidad de iBook, Nook y Kindle, los eBooks se han convertido en una forma convincente de comercializar su negocio.

Los expertos pueden escribir libros que

no sólo comercializan su negocio, sino que también le proporcionan beneficios sustanciales. Esta puede ser la forma más rentable de subcontratación dentro de la categoría de escritura de contenido.

11) Planes de Negocio

Una parte esencial de cualquier negocio es el plan de negocios. Sin embargo, casi el 70 por ciento de los nuevos propietarios de negocios no han desarrollado un plan de negocios antes de abrir sus puertas.

Esto podría explicar por qué la tasa de quiebra de empresas es tan alta. Si no está seguro de por dónde empezar o no desea sentarse y escribir su plan de negocios, aquí es donde el outsourcing puede ayudarle.

Los autónomos con experiencia en la redacción de planes de negocios pueden asumir la tarea y crear un plan para el éxito que le ayudará a mantenerse en el camino correcto.

12) Copia de ventas

Un aspecto esencial de su éxito a largo plazo es tener su copia de ventas en perfecta forma. Sin embargo, esto puede ser una tarea costosa y que requiere mucho tiempo. Es posible que ya haya intentado escribir su propia carta de ventas o descripciones promocionales, sólo para decepcionarse cuando no pueda ver un aumento en sus ventas.

Escribir textos de ventas es una habilidad particular que no todos poseen. Los expertos en redacción de textos de ventas saben cómo incorporar líneas de etiquetas, titulares provocativos, listas bien definidas y un llamado a la acción convincente. La copia de ventas no se limita a descripciones escritas, sino que también puede incluir guiones publicitarios y presentaciones.

13) Marketing por correo electrónico

Las campañas de email marketing son

extremadamente poderosas para atraer nuevos clientes y aumentar las ventas. Los profesionales del email marketing son expertos en la creación de campañas de email marketing que producen resultados. Ellos escribirán el correo electrónico, establecerán un sistema de respuesta automática y se dirigirán a consumidores específicos.

Programación y Multimedia

Al igual que con la creación de contenido, si su empresa se especializa en programación y multimedia, es posible que desee considerar la posibilidad de realizar estas tareas por su cuenta y subcontratar la producción de contenido.

14) Diseño de páginas web

En el mercado competitivo de hoy, si su negocio no tiene un sitio web, usted va a estar en una desventaja considerable. La mayoría de los propietarios de pequeñas empresas saben esto, lo que no les sorprende que el diseño web tenga tanta demanda.

El diseño de páginas web es una de las tareas más externalizadas del mundo. Los sitios web son algo que todo negocio necesita, pero sólo un puñado de individuos selectos tienen las habilidades para hacerlos realidad.

15) Envíos de libros de Kindle

Una de las mejores maneras de promocionar su eBook es enviarlo a varios sitios web que ofrecen reseñas de libros y que tienen una base sólida de seguidores. Sin embargo, enviar tu libro a más de 50 sitios puede llevar mucho tiempo. La externalización de esta tarea le ahorrará una cantidad significativa de tiempo.

16) Campañas de Google AdWords

Usted puede convertirse en millonario si puede desarrollar una exitosa campaña de AdWords. Sin embargo, aprender el proceso es difícil y puede resultar en una pérdida considerable de tiempo y dinero si no eres un experto en Google. AdWords. La subcontratación de esta tarea a un experto profesional certificado de Google AdWords es muy recomendable.

17) Optimización para motores de búsqueda (SEO)

SEO requiere un conjunto de habilidades particulares. Nadie conoce el código exacto que utiliza Google para indexar sitios web, por lo que los especialistas en SEO tienden a probar diferentes variables. Esto les da una ventaja única sobre otros que no entienden completamente las complejidades del SEO. Usted puede contratar a trabajadores independientes para colocar banners, crear blogs amigables para SEO, y administrar sus campañas de pago por clic para asegurarse de que usted obtenga la tasa de conversión más alta.

18) Servicios de transcripción

Una gran manera de atraer a sus lectores y clientes potenciales es tener a su disposición archivos de vídeo y audio. Una forma de aumentar la cantidad de contenido que agrega a su sitio es contratar a un transcriptor para que escriba la información que aparece en el archivo de vídeo o audio, palabra por palabra. Esto le proporcionará una tonelada de artículos para usar en su sitio web.

19) Locuciones

A la gente le encanta el contenido de audio. Es muy atractivo y está lleno de información valiosa. Tanto si va acompañado de un vídeo como de un audiolibro, es esencial que suene profesional y que sea de alta calidad. Por eso es mejor contratar a un profesional con el equipo adecuado para el propósito y ahorrarse una tonelada de tiempo.

20) Diseño Gráfico

El diseño gráfico es otra de las habilidades que está muy demandada. Su empresa utiliza gráficos para logotipos, marcas, presentaciones, descripciones de productos e incluso vídeos. A menos que el diseño gráfico esté en su conjunto de habilidades, es altamente recomendable que usted tercerice este trabajo.

21) Videos

Los estudios han determinado que los videos son un 600 por ciento más atractivos que el texto plano. Simplemente son demasiado valiosos para que su negocio pueda prescindir de ellos. Los vídeos que su empresa puede necesitar incluyen demostraciones de productos, reseñas e incluso entretenimiento.

Los grandes videos se venderán, mientras que los videos pobres tienen el potencial de asustar a sus clientes. Es esencial trabajar con profesionales que puedan mejorar, editar y filmar videos para que estén 100 por ciento listos para ser publicados en línea.

22) Animación

Otro tipo de video que puedes usar en tu negocio son los videos de animación de la pizarra. Ellos pueden explicar su negocio o servicio de una manera atractiva y entretenida y son bastante guapos. Son una de las mejores herramientas para convertir a los visitantes en clientes de pago.

Combine estos vídeos de animación con una voz en off profesional y habrá creado una máquina de ventas. Sin embargo, la creación de este tipo de vídeos puede llevar mucho tiempo si no eres un experto en la materia.

23) Aplicaciones Móviles

Desarrollar una aplicación móvil para su negocio es una de las pocas oportunidades reales que puede llevarle a convertirse en millonario. Las aplicaciones móviles tienen una demanda extremadamente alta en este momento, y conseguir una idea para una aplicación desarrollada puede ser enormemente rentable. Si no tienes las habilidades para construir una aplicación móvil, subcontrata la tarea, como la mayoría de los otros millonarios de Internet.

24) Formateo y Conversión

Aunque se puede subir un simple documento de Word a Amazon, no suelen convertir muy bien. Muchas personas y empresas necesitan expertos que puedan formatear y convertir libros para que se vean y funcionen perfectamente en cualquier dispositivo. Si usted no tiene la experiencia para hacer esto usted mismo, encuentre a un profesional para completar la conversión por usted.

Aspectos a tener en cuenta antes de delegar tareas

Antes de comenzar su búsqueda de profesionales independientes con talento para externalizar sus procesos de negocio, hay algunas cosas que debe tener en cuenta.

Cuando se trata de trabajadores autónomos, se debe prestar mucha atención a su tierra natal. Aunque esto no importará para algunas tareas como la entrada de datos y la contabilidad, podría plantear un problema potencial cuando se subcontratan tareas de escritura.

Tenga cuidado con los nuevos contratistas. Aunque no hay nada de malo en contratar ocasionalmente a alguien que está buscando establecer retroalimentación, usted querrá hablar con ellos directamente antes de hacerlo. Si no están dispuestos a hablar con usted, no los contrate.

Preste atención al historial de trabajo de un trabajador autónomo cuando tome su decisión. Algunos de los factores que usted querrá considerar incluyen los comentarios de los clientes, comentarios y sus trabajos más recientes.

Considere entrevistar a los candidatos potenciales antes de ofrecerles el trabajo.

Puede realizar una entrevista oral o usar correos electrónicos o Skype para enviar mensajes a los posibles candidatos. Hágales las preguntas difíciles y preste mucha atención a cómo responden.

Comience con un trabajo de prueba. Dé a los candidatos seleccionados una pequeña tarea que realizar antes de contratarlos. Esto le permitirá comprobar su nivel de habilidad. Tenga en cuenta que tendrá que pagarles por el trabajo que realizan, pero empezar con una tarea pequeña es mejor para reducir el riesgo.

CAPÍTULO III
ENCONTRANDO
TRABAJADORES

Ahora que ha determinado qué procesos de negocio desea externalizar, es el momento de comenzar el proceso de búsqueda de externalizadores cualificados. Esto puede ser una tarea engorrosa en sí misma si no sabes por dónde empezar.

Hay cientos de sitios en Internet donde puede comenzar su búsqueda de trabajadores autónomos. Sin embargo, es importante entender que no todas las organizaciones de outsourcing son creadas iguales.

Para ayudarle a encontrar a los mejores trabajadores autónomos en las plataformas más sencillas de usar, hemos compilado la siguiente lista de compañías en línea que están diseñadas para ayudar a individuos y empresas a encontrar profesionales talentosos que les ayuden con sus procesos de negocio.

Sitios populares para contratar trabajadores independientes:

Upwork (www.upwork.com)

Este es uno de los sitios de freelance más populares en Internet y es un gran lugar para encontrar freelancers talentosos. Comenzar en el sitio es simple.

La manera más fácil de hacer el trabajo es dividiendo el proceso en tres fases:

1) Antes de contratar

2) Contratación

3) Hacer el trabajo.

Antes de contratar, debe asegurarse de rellenar el nombre de su empresa, el eslogan, la descripción y la dirección del sitio web, y cargar el logotipo de su empresa. A continuación, agregue y verifique su método de pago. Esto es importante porque no se pueden contratar freelancers sin él. A continuación, publique el trabajo y elija entre precio por hora o fijo.

Fiverr (www.fiverr.com)

Puedes contratar prácticamente a cualquier freelance para cualquier trabajo imaginable en Fiverr. Los conciertos empiezan en $5, lo que los convierte en un gran lugar para aprender los conceptos básicos de la tercerización. El sitio le permite adquirir experiencia en la elección de un trabajador autónomo, su contratación y sus comentarios.

Fiverr trabaja en lo que ellos llaman conciertos. Un concierto suele costar sólo $5. Sin embargo, rara vez se puede conseguir trabajo de calidad por esa pequeña cantidad de dinero. Hay extras de conciertos que son ofrecidos por los vendedores más experimentados, dándole un trabajo de mayor calidad a un precio bastante razonable.

Freelancer.com (www.freelancer.com)

Freelancer.com tiene más de un millón de freelancers para elegir y es un gran lugar para encontrar tarifas asequibles. Sin embargo, no es tan potente como Upwork, por lo que debe seleccionar cuidadosamente a sus candidatos.

Freelancer le da fácil acceso a diseñadores gráficos, escritores, programadores y editores de vídeo. Sirve como un gran lugar para establecer una gran lista de freelancers para todas las categorías.

Gurú (www.guru.com)

Guru no es tan grande como Upwork, pero está creciendo a un ritmo asombroso. En el sitio se pueden encontrar freelancers de todas las categorías. Una de las características únicas de Guru es la forma en que usted lista su proyecto.

Basado en la descripción que usted proporciona, Guru le enviará una lista de los mejores candidatos para su listado. Esto le da el poder de elegir a qué candidatos quiere invitar para postularse para su trabajo.

Guru es un gran lugar para que usted construya su lista de freelancers y es uno de los sitios de outsourcing más eficientes en Internet.

99 Diseños (www.99designs.com)

99 Designs es un tipo diferente de sitio de externalización que los sitios listados anteriormente. Es lo que se conoce como un mercado de concursos de diseño. Para encontrar freelancers, necesita publicar una descripción de su proyecto; luego, los freelancers enviarán entradas basadas en su descripción.

Luego puedes elegir tu favorito. Debido a que usted está eligiendo entre múltiples diseños, no hay ningún riesgo para usted.

PeoplePerHour
(www.peopleperhour.com)

La principal ventaja de PeoplePerHour es el diseño sencillo del sitio. Funciona como Fiverr, en el sentido de que los freelancers pueden publicar sus proyectos a un precio fijo, y Upwork, en el que los clientes pueden publicar trabajos por los que los freelancers pueden pasar por su cuenta. Otro punto fuerte del sitio es que soporta una gran variedad de categorías.

PeoplePerHour proporciona el equilibrio perfecto entre los estilos Fiverr y Upwork, lo que lo convierte en una excelente opción para sus necesidades de externalización.

Behance (www.behance.net)

Behance es un sitio de tercerización de primer nivel, lo que significa que encontrará algunos de los mejores profesionales independientes en la web.

Esto, sin embargo, significa que usted gastará más dinero en la externalización.

Externalización de alto nivel

Aquí están algunos de los beneficios de usar Behance:

√ Utilizando una poderosa pestaña de explorador, usted puede encontrar el trabajo más creativo del mundo basado en el campo de experiencia, las herramientas y la ubicación.

√ Una fuente de actividades actualizada le proporciona acceso a un panel de control virtual que realiza un seguimiento del trabajo creativo de sus autónomos favoritos.

√ Los freelancers pueden crear hermosas páginas de portafolio que le mostrarán su nivel de talento.

√ Una experiencia totalmente nueva para Followers con páginas de perfil y colecciones comisariadas.

Mientras que Behance es más caro que la mayoría de las otras plataformas de externalización, le garantizamos los mejores freelancers de todo el mundo.

CAPÍTULO IV
PROCESO DE
CONTRATACIÓN

En su búsqueda de la externalización de talento, hay algunos pasos cruciales que usted debe tomar que le ayudarán a tener una mente abierta con respecto a su capacidad para elegir el freelance adecuado para la naturaleza del trabajo.

Crear una descripción clara del trabajo

Para que usted pueda determinar exactamente lo que necesita en un trabajador autónomo, primero debe anotar todas las responsabilidades necesarias para completar el trabajo con éxito.

Usted necesita ser consciente de la configuración de su negocio y de dónde encajará el trabajador autónomo. Debe considerar si necesitará un trabajador independiente basado en tareas, un trabajador independiente a tiempo completo o un trabajador independiente a tiempo parcial.

Dependiendo de su negocio y de sus necesidades, es posible que necesite contratar a varios trabajadores independientes para realizar microempleos.

Una vez que haya analizado sus necesidades, podrá crear una descripción clara del puesto de trabajo que le permitirá a los candidatos potenciales con las habilidades y calificaciones requeridas solicitar el puesto de trabajo.

Al escribir la descripción del puesto de trabajo, incluya una palabra clave, exigiendo a los candidatos que la incluyan en la primera línea de su solicitud, para asegurarse de que han leído la descripción del puesto en su totalidad.

Detallar los requisitos del puesto

Muchas empresas no describen los requisitos específicos del trabajo porque simplemente quieren que se complete el proyecto. Asumen que el trabajador autónomo ya tiene toda la información sobre los requisitos del trabajo. Usted necesita determinar con precisión qué recursos son necesarios para que el trabajo sea exitoso.

Esto puede ser con respecto a la experiencia necesaria, las conexiones a Internet y las habilidades, así como los rasgos de personalidad. Estos son todos los requisitos que debe determinar para garantizar un flujo fluido del proceso empresarial que está subcontratando.

La descripción de los requisitos específicos permitirá a los solicitantes potenciales saber si son aptos para el trabajo. Tomar este paso también le proporcionará orientación para reducir su selección y eventualmente contratar al trabajador independiente adecuado que tenga la experiencia y las habilidades pertinentes.

Determine cuánto pagará

Cuando usted está buscando externalizar sus diversos procesos de negocio, usted debe saber cuánto está dispuesto a gastar en la contratación de un trabajador independiente para que pueda presupuestar cuánto va a gastar en el trabajo.

Antes de contratar a un trabajador autónomo, debe hablar con otras personas que han trabajado con éxito con trabajadores autónomos para averiguar cuánto suelen pagar por la subcontratación. Si no conoce a nadie que haya trabajado antes con trabajadores independientes, puede investigar en línea para determinar la cantidad promedio de dinero que debe pagar.

Evaluación de los autónomos

No todos los trabajadores autónomos que solicitan su trabajo están cualificados. Es probable que tenga un gran grupo de candidatos interesados que tendrá que evaluar antes de encontrar al mejor candidato para su trabajo.

Examinar el historial de trabajo de cada uno de los candidatos puede llevar mucho tiempo. Para ayudarle a agilizar este proceso, aquí tiene un sistema sencillo que le ayudará a eliminar rápidamente a los candidatos no cualificados.

Eche un vistazo rápidamente a todas las aplicaciones y elimine las que no lo hacen:

- Incluya la palabra clave
- Proporcione ejemplos de proyectos similares
- Tener un historial de trabajo en el sitio
- Tener un umbral de retroalimentación de 4.0 o mejor

- Poseer el conjunto de habilidades específicas que necesita

Seguir este sencillo proceso eliminará muchos candidatos rápidamente, dejándole a usted con los candidatos más calificados.

Reduciendo su elección

Después de haber eliminado a los candidatos que no están calificados, es probable que todavía tenga un gran número de trabajadores independientes entre los que elegir. Ahora tendrá que empezar a mirar más de cerca a los candidatos y reducir sus opciones.

El objetivo es identificar de 3 a 5 trabajadores independientes calificados para su trabajo subcontratado. Durante este paso, usted querrá mirar cuidadosamente los siguientes criterios para ayudarlo a reducir su búsqueda.

El precio de la oferta - Aquí es cuando usted querrá considerar el presupuesto que determinó anteriormente en el proceso. Elija un rango de precios de oferta aceptables, eliminando los que estén por encima o por debajo de este número. Tenga en cuenta que usted obtiene lo que paga; las ofertas más bajas generalmente indican que usted recibirá un nivel inadecuado de servicio por parte del trabajador independiente.

Compañías v. Individuos - Eche un vistazo al lenguaje que se utiliza en la oferta. Si el candidato utiliza palabras como "nosotros" o "nuestro equipo", es una buena indicación de que está representando a una empresa.

Aunque no tiene que eliminar las agencias automáticamente, debe analizar cuidadosamente su historial laboral para determinar si vale la pena el aumento en el costo. Si no proporcionan un servicio excepcional, deben ser eliminados de la consideración.

Personalización - Muchas veces usted

recibirá ofertas que incluyen respuestas de "cortar y pegar" que muestran que el candidato no leyó a fondo la descripción del trabajo. Aunque pueden haber incluido la palabra clave en la parte superior de su aplicación, lo hacen de una manera que carece de cualquier conexión personal.

Usted desea buscar candidatos que estén genuinamente interesados en el trabajo que ha publicado. Deben incluir comentarios que muestren cómo están calificados de manera única para la tarea.

Ejemplos de Proyectos - Vea las muestras de trabajo que se proporcionan en cada oferta. Puede ser una imagen, una aplicación, un sitio web o un enlace a un artículo. Écheles un vistazo de cerca para ver si se ajustan a sus necesidades y expectativas.

Calificaciones de retroalimentación - Para cada candidato, haga clic en las calificaciones de retroalimentación para ver el trabajo que ha completado en el sitio web. Es posible que descubra que, si bien algunos candidatos tienen un alto índice de retroalimentación, es posible que no tengan ninguna experiencia con su tipo de proyecto. Eliminar a cualquier candidato que no muestre experiencia laboral relacionada.

Línea de tiempo - El tiempo es dinero. Incluso los trabajadores independientes más cualificados pueden malgastar su dinero si tardan una eternidad en completar su proyecto. Cada oferta que usted reciba incluirá un cronograma esperado para completarla. Preste atención a esta fecha y elimine las ofertas que vayan más allá de lo normal.

La aplicación de estas sencillas reglas puede ayudarle a eliminar un gran número de candidatos. Si bien es posible que tenga que repetir este paso un par de veces, con el tiempo podrá reducir la lista de los candidatos más calificados.

Elección del candidato más

calificado

Ahora que ha reducido sus opciones a unos pocos candidatos altamente calificados, es el momento de determinar el mejor trabajador independiente para el trabajo. Aquí hay cinco cosas que usted puede hacer para ayudarle a tomar la decisión final.

1) Crear una pequeña prueba

Cuando se trata de completar su proyecto con éxito, la puntualidad y la atención a los detalles son aspectos fundamentales de un proyecto exitoso. Tú puede "probar" el puñado de trabajadores independientes para determinar si tienen estas cualidades, proporcionándoles una prueba simple para completar.

En este punto, usted puede dar a cada candidato una pequeña tarea para ver con qué rapidez y precisión la completa. Aquí hay algunas ideas para probar a sus candidatos.

- Hágales una pregunta sobre su oferta.
- Pídales que reafirmen su precio de oferta.
- Pídales que firmen un Acuerdo de Confidencialidad (NDA).
- Pida otra muestra de su trabajo.

El propósito aquí es dar a cada candidato una tarea simple que sólo toma unos pocos minutos para completar.

Espere un día más o menos para ver cómo responde cada uno. Si alguien te da muchas excusas o retrasos, es un indicador fiable de que obtendrás el mismo tipo de servicio con tu proyecto.

2) Ejecute un proyecto pequeño

Si su proyecto es complicado, usted puede pagar una pequeña cuota a cada candidato calificado y pedirles que completen un proyecto pequeño. Dé a cada uno una tarea similar y vea qué se les ocurre. Puedes pedirles que diseñen una aplicación simple, que creen un icono o que escriban un artículo. Esta es una gran manera de probar a los candidatos en su nivel de experiencia real.

3) Busque interés en el proyecto

Tómese su tiempo para examinar el portafolio de cada candidato. Usted quiere buscar un interés personal en el mercado. Contratar a un candidato apasionado por el tipo de proyecto que usted ofrece ayuda a la hora de completar con éxito el trabajo. Cuando alguien tiene un interés en un mercado, tiende a trabajar más duro para hacer un buen trabajo.

4) Entrevistar al candidato

Puedes usar Skype (www.skype.com) para conectarte con personas de todo el mundo. Es una excelente herramienta para comunicarse y entrevistar a autónomos. Puede realizar una entrevista telefónica, una entrevista en vídeo o una entrevista de texto con la interfaz fácil de usar de la herramienta. Si no te sientes cómodo usando Skype, puedes realizar la entrevista por correo electrónico.

5) Verificar referencias

La mayoría de los trabajadores independientes con los que trabajas tendrán referencias de trabajos anteriores que hayan realizado. Usted debe ponerse en contacto con estos clientes anteriores y hablar con ellos sobre el desempeño laboral previo del candidato.

Pregunte sobre la calidad de su trabajo, su puntualidad, sus habilidades de comunicación y su actitud hacia el proyecto. No tenga miedo de recibir muchos comentarios sobre cada candidato.

Una vez que haya completado estos cinco pasos, debería haber reducido su elección al candidato que mejor se adapte al trabajo. Si usted tiene un buen presentimiento acerca de uno de los trabajadores independientes, entonces esa es la persona que debe contratar.

CAPÍTULO V
EVITAR UNA
CATASTROFE

La externalización de las tareas de su negocio no siempre es un proceso fácil. A menudo puede convertirse en una pesadilla estresante cuando se trata de una persona que no es la adecuada para el trabajo.

Es por eso que es crucial seguir estas simples reglas para evitar una catástrofe de subcontratación.

Regla #1: Contratar lento

Cuando se toma el tiempo para seguir un largo proceso de investigación, evita muchos de los problemas que surgen de la contratación de trabajadores independientes de baja calidad. Usted no puede simplemente contratar a un individuo en base a su precio de oferta y retroalimentación. Tienes que tomarte el tiempo para desafiar a los candidatos desde el principio para asegurarte de que son los adecuados para el trabajo.

No se apresure a elegir a la primera persona calificada que puja por su proyecto. En su lugar, siga los cinco pasos descritos anteriormente y tómese su tiempo para encontrar al candidato perfecto.

Regla #2: Dispare rápido

En ocasiones, no importa cuánto investigue a los candidatos, aún así terminará contratando a alguien que no es apto para el trabajo. Lo primero que hay que hacer en este caso es tratar de trabajar con el trabajador autónomo. Sin embargo, si son continuamente poniendo excusas o ignorando tus correcciones, entonces necesitas deshacerte de ellas.

La mejor manera de tratar con freelancers pobres es sacarlos de tu vida rápidamente. Puede utilizar una "regla de tres strikes" al despedir a un trabajador autónomo. Cuando obtenga una tercera excusa o retraso, detenga inmediatamente el proyecto e intente recuperar su inversión.

El proceso de dejar ir a un trabajador autónomo puede resultar complicado cuando se trata de dinero. Es crucial que usted entienda cómo funcionan las disputas en los diferentes sitios web de externalización.

Regla #3: Evite amenazarlos

La manera más rápida de empeorar una situación de tensión es amenazar a un trabajador autónomo con retroalimentación negativa. La retroalimentación negativa puede destruir el negocio de un trabajador autónomo, y usted nunca debe usarlo para obtener lo que quiere. En realidad, sólo se debe utilizar cuando un trabajador autónomo posee un rasgo de carácter pobre, como mentir o robar.

Regla #4: Proteja sus ideas

Puede haber ocasiones en las que usted quiera proteger una idea, esto es especialmente cierto cuando se subcontrata a un programador para una aplicación o software móvil. Si le preocupa que la gente espíe su negocio, entonces debe hacer que el trabajador independiente firme un Acuerdo de Confidencialidad.

Regla #5: Proteja su información confidencial

Al subcontratar a trabajadores autónomos, también debe tomar las precauciones adecuadas para proteger la información confidencial de su empresa. Usted debe tener cuidado de no divulgar ninguna información que pueda perjudicar su vida personal o profesional. Aunque la mayoría de los trabajadores independientes son honestos, revelar la información incorrecta puede tener consecuencias desastrosas.

Usted quiere asegurarse de que sólo está proporcionando información al trabajador autónomo que está directamente relacionada con la tarea en cuestión. Una vez finalizada la tarea, asegúrese de cambiar la contraseña de esas cuentas. También debe tener cuidado al regalar nombres de usuario y contraseñas que sean similares a los de su cuenta PayPal, su cuenta bancaria y sus finanzas.

La mayoría de los proyectos de externalización que usted complete lo hará sin ningún problema. Utilice estas reglas como guía para protegerse de los raros escenarios cuando algo sale mal.

Asegúrate de tomarte tu tiempo con cada nuevo freelance que contrates y de utilizar las herramientas que te proporcionan los distintos sitios freelance, y podrás superar cualquier problema que pueda surgir si contratas a un freelance pésimo ocasionalmente.

CONCLUSIÓN

El Outsourcing es una gran manera de construir un negocio próspero. Le permite liberar su tiempo para que pueda centrarse en los aspectos cruciales de la gestión de su negocio.

El Outsourcing le permitirá contratar a profesionales talentosos que puedan completar proyectos que superen los resultados que usted podría lograr por su cuenta.

Cuando se rodea de profesionales talentosos, puede delegar las tareas no esenciales y centrarse en las funciones críticas que le ayudarán a hacer que su negocio tenga éxito.

Outsourcing inteligente

La externalización inteligente no consiste en encontrar al freelance menos costoso para completar el trabajo. En su lugar, se trata de ser capaz de localizar grandes talentos y hacer de ellos una parte virtual de las operaciones diarias de su negocio.

Contratar a otras personas para que se encarguen de tareas esenciales puede liberar su tiempo, permitiéndole concentrarse en las actividades comerciales críticas que generan la mayor parte de sus beneficios.

El Outsourcing puede ser uno de los mejores movimientos que usted hará para su negocio. Todo lo que tienes que hacer es analizar lo que necesitas y tomarte el tiempo para encontrar al candidato adecuado para el trabajo y establecer una fuerte relación de trabajo con ellos.

Una vez que haya logrado esto, puede comenzar a concentrarse en hacer que su empresa sea más fuerte y más rentable. Sólo recuerde protegerse a sí mismo y a su negocio

Pronto comenzará a darse cuenta de que invertir una pequeña fracción de su dinero en la contratación de trabajadores independientes talentosos dará sus frutos, dando a su empresa mayores ganancias y una reputación sobresaliente.

Recuerda que la teoría sin la práctica no te sirve de nada, lleva a la acción todo lo que aprendas.

Te deseo lo mejor en tus resultados.

¡Un fuerte abrazo, tu amigo, Jorge!

Por cierto, te recomiendo mucho, si deseas aprender a cómo curar el estrés laboral, mi libro, sobre "COMO CURAR EL ESTRÉS CRÓNICO LABORAL DE MANERA EFECTIVA", es un libro que estoy seguro de que te ayudara mucho en tu camino del "crecimiento profesional y empresarial".

Sin más dilación, puedes encontrarlo en el buscador de Amazon, por su título o buscando mi nombre, como: "Jorge O.

Chiesa". Una vez más, ¡te deseo éxito en tus resultados!

www.ingramcontent.com/pod-product-compliance
Lightning Source LLC
Chambersburg PA
CBHW072206170526
45158CB00004BB/1778